Você tem certeza
QUE SABE OUVIR?

1ª Edição julho de 2020

Naiara Patrocínio
Rua Luiz de Carvalho Gonçalves 180
Residencial Santo André 12283-870
Caçapava São Paulo

naiara.patrocinio@icloud.com

Você tem certeza
QUE SABE OUVIR?

1ª EDIÇÃO

À MINHA SAUDOSA E ETERNA
GIGI, QUE APESAR DE SER
APENAS UMA CADELINHA,
ENSINOU-ME QUE OUVIR É
SINÔNIMO DE AMAR.

"

É APRENDENDO A ME OUVIR QUE PERCEBO A NECESSIDADE DE OUVIR O OUTRO.

Naiara Patrocínio

SUMÁRIO

INTRO-DUÇÃO

PSIU, EU ESTOU FALANDO!

A sociedade está barulhenta demais ou não sabemos interpretar esse tal <u>barulho</u>? As pessoas falam demasiado ou não entendemos ainda a importância do silêncio? (Não o silêncio que mata, mas o silêncio que escuta para salvar).

Em várias conversas que tive com pessoas que entraram ou, até mesmo, que decidiram sair de minha vida — sempre respeitei a partida dessas — notei que muitas delas não eram ouvidas (não por mim, mas pelos seus pais, amigos, amores etc.) e que se sentiam bem falando comigo, porque eu as escutava.

Percebi, então, que as pessoas não sabem ouvir, ou melhor, <u>escutar</u>. E por conta dessa falha empática no ouvir, relacionamentos estão sendo destruídos. Vemos isso em todos os âmbitos da existência: entre pais e filhos, marido e mulher, no trabalho, nas amizades, e por aí vai.

Partindo desta premissa, decidi investigar melhor e passar adiante técnicas que eu desenvolvi para melhorar a minha escuta, compartilhando-as com vocês.

Quando eu era criança, por volta dos meus seis ou sete anos, ouvia sempre da minha mãe, a seguinte pergunta:

— Naiara, o que você quer ser quando crescer?

Eu ficava em silêncio e não tinha uma resposta.

Meus irmãos tinham as deles. Já eu só tinha o silêncio. Meu silêncio ou falta de resposta incomodava muito minha preocupada mãe.

Porém, mal sabia ela, que em minha mente infantil, eu estava tentando procurar respostas dentro de mim, e como eu não tinha certeza das coisas, preferia o silêncio.

E pasmem, eu <u>nunca</u> dei essa resposta para ela!

— Então, você nunca teve a resposta sobre qual profissão você queria ter quando crecesse?

Na verdade, sua pergunta deveria ser:

— O seu silêncio lhe deu alguma resposta?

Sim, ele sempre me responde! Ele me ensinou a decifrar as emoções e, principalmente, usá-lo para melhor ouvir.

— Ah, Naiara! Então, eu sei ouvir. Pois enquanto alguém fala, eu fico em silêncio!

Se essa é a sua resposta para se considerar um(a) bom(boa) ouvinte, lamento em dizer que somente isso não basta!

OUVIR EM SILÊNCIO SEM EMPATIA NÃO É OUVIR. É CAMUFLAR A SUA FALTA DE PACIÊNCIA.

Naiara Patrocínio

Existem algumas características que complementam a minha técnica. E só para alertá-los:

Ouvir <u>sem</u> empatia não é ouvir. É camuflar sua falta de paciência.

Eu chamo a técnica do <u>verdadeiro</u> silêncio de **Silêncio Empático**, que mais para frente irei explicar melhor.

Por ora, digo apenas que o Silêncio Empático não é somente ouvir <u>com</u> empatia, é ter percepção de **si** e do **outro**, atenção, postura, interesse etc. Saibam que não é tão simples como imaginamos.

— Ei, psiu! Você está <u>realmente</u> ouvindo?

CAPÍTULO 01

FALAR É PRATA, OUVIR É OURO

Em algum momento de nossa existência, de maneira miraculosa, começamos a ouvir. Os sons surgem! Uns como melodia, outros como guerra. Mas eles estão ali, indicando que temos a capacidade de distingui-los e interpretá-los. E todos esses movimentos sonoros são captados no silêncio.

Veja que interessante:

A nossa audição é desenvolvida primeiro que a fala. Pois, segundo estudiosos, o bebê começa a ouvir e a distinguir a voz materna claramente, a partir do quinto mês de gestação. Já as primeiras palavras costumam surgir entre os dez e os quinze meses. Isso só <u>depois</u> do nascimento.

Falar é importante? Com certeza! Porém, se não soubermos ouvir, nossas respostas não ajudarão em nada.

Lembra que eu comentei no capítulo anterior sobre o **Silêncio Empático**? Pois bem, o nosso silêncio ao ouvir deve ser:

- Humano;
- Solidário;
- Atencioso;
- Em movimento.

Humano

Isto vem de <u>humanizar</u>. Em outras palavras, escutar **sem** julgar e **sem** dar a sua opinião, a menos que seja solicitada.

Solidário

O ouvir solidário **não** cobra absolutamente nada. Muito menos que quem é ouvido escute de volta. É um ouvir piedoso, não mercenário.

Atencioso

Isto significa que o Silêncio Empático capta **tudo**. Ou seja, é calar a sua alma para escutar a alma do outro. E, por conseguinte, é um silêncio em movimento.

Em Movimento

Este movimento é a resposta corporal dizendo:

— Eu estou aqui te ouvindo, e mais que isso, compreendendo.

Ouvir com o corpo é conversar com o olhar, com a postura e com a alma.

Em suma, o Silêncio Empático é quando você se desliga de si mesmo(a), emudece o seu mundo interior, desconectando-se de **si** e colocando o **outro** em primeiro lugar.

Este tipo de silêncio tende a salvar pessoas e não a matá-las por dentro.

Se muitos dos nossos que se suicidaram tivessem sido ouvidos com esta técnica do Silêncio Empático; certamente, ainda estariam entre nós.

Amores e amigos permaneceriam conosco. Pais e filhos somariam mais tempo juntos. Marido e mulher não seriam simplesmente um casal, mas desenvolveriam doses generosas de cumplicidade e responsabilidade afetiva, levando-os a um viver saudável e amoroso.

E, por fim, os mal-entendidos da existência humana dariam lugar a compreensão. Tendo por consequência, o bem-estar mútuo.

Quando a humanidade aprender a ouvir de fato; saberá dialogar corretamente, levando adiante relacionamentos saudáveis e maduros.

66

ATÉ QUE A MORTE OS SEPARE, NÃO ATÉ QUE A LÍNGUA OS AFASTE.

Naiara Patrocínio

Até que a morte os separe. Não até que a língua os afaste.

Este Silêncio Empático é mais que se despir de si mesmo. É emprestar o seu **tempo**, o seu **coração** e a sua **alma** para o outro fazer morada. É permitir que o outro se assente no lugar de honra, a fim de despejar as suas histórias e a sua dor sem ser hostilizado e censurado.

Acredito que você já tenha entendido que não é um simples escutar silencioso. É mais que isso!

Considere o falar como a prata e o ouvir como o ouro.

Entretanto, para que a sua escuta seja aprimorada e você passe a ter este Silêncio Empático, faz-se necessário primeiro <u>ouvir para existir.</u>

Nosso próximo passo será compreender essa auto existência através do ouvir. Tranquilize-se, eu já esclareço o que é essa técnica!

Chegou a hora de sair do casulo e se transformar em uma <u>borboleta</u> livre e evoluída. Mergulhe nas próximas páginas e descubra que:

— Ouço, logo existo!

CAPÍ-
TULO 02

OUÇO, LOGO EXISTO

Falar em silêncio é uma característica que deveria ser mais utilizada pelas pessoas. Essa atitude é o real significado de <u>ouvir a si mesmo</u>.

Ouvir a si próprio é uma técnica de introspecção que leva o ser humano a adquirir autoconhecimento e a reconhecer, não só os seus limites e fragilidades, mas também o seu potencial.

Quando eu me escuto, passo a me conhecer e a entender-me. Realizar essa submersão interna, leva-me a compreensão de minha essência e existência. Brinda-me com a capacidade de dar significado às minhas questões e queixas.

Mais que isso, ao me ouvir passo a ressignificar melhor minhas dores e aflições e a ter atitudes mais assertivas.

A pessoa que exerce essa técnica com maestria, além de desenvolver <u>inteligência emocional</u>, torna-se autora de sua própria história e uma estimuladora em potencial do crescimento alheio.

Sabe por quê? Porque primeiro aprendeu a ouvir a si mesma, tornando-se dona de si e a única responsável por suas decisões e bem-estar próprio. Adquiriu consciência afetiva, saiu do casulo, respeitou seu momento de metamorfose; alçando, dessa maneira, no momento oportuno, o voo da liberdade.

Como o despertar de um sono profundo, acordou para si, exergou suas cicatrizes. Vendo nas mesmas arte e lição de vida. Caiu em choro profundo, esperou o findar da última lágrima e

"
CHORAR NÃO É FRAQUEZA, MAS SIMPLESMENTE O CORAÇÃO CONTANDO SUAS DORES.

Naiara Patrocínio

entendeu que:

Chorar não é fraqueza, mas simplesmente o coração contando suas dores.

Percebeu, então, que quando deu ouvido ao desabafo do coração, o mesmo curou-se, pois foi ouvido e acolhido pelo seu(sua) dono(a). Deu de beber à sua sede, despertou em si o desejo de viver a vida e o de salvar vidas.

Por dar lugar ao seu **si**, essa pessoa ressuscitou seu homem interior, sua mulher interior. Passou a cuidar-se. Valorizando sua própria companhia e o ser humano que é.

Tudo isso porque silenciou-se, ouvindo a si mesmo(a). E mais, despertou a consciência de que tudo tem uma saída e que no tempo adequado, todas as coisas serão resolvidas. Aprimorou a sua observação externa, potencializando a sua visão interna.

Alimentou o interior, pois agora compreendeu que estando forte pode fortalecer o irmão, o amigo, o desconhecido. Enfim, qualquer um que esteja faminto. Faminto de ser ouvido e acolhido.

Pode parecer poesia, porém nada mais é do que **Ouvir para Existir.**

É isso mesmo!

Quando desenvolvo o meu <u>Ouço, Logo Existo</u>, posso partir para o meu <u>Ouço, Logo Vejo</u>. Em outras palavras, é aprendendo a me ouvir que percebo a necessidade de ouvir o outro.

— O que seria isso Naiara?

— Calma, no próximo capítulo tudo será esclarecido e todas as suas dúvidas sanadas!

O que eu já posso adiantar, é que se você nunca desenvolveu essa técnica. Infelizmente, ainda não é um(a) bom(boa) ouvinte. Um passo de cada vez, e você já, já saberá andar por completo.

Agora sou eu que pergunto:

— Você já passou tempo conhecendo a si mesmo(a) hoje?

CAPÍ-
TULO 03

OUÇO, LOGO VEJO

O ano era 2014. Eu estava deitada na minha cama, refletindo sobre a vida e pensando sobre a importância de ouvir e ser ouvida.

Quando, de repente, escutei um latido fino e ainda pueril, vindo da sala de estar. O barulho do latido despertou todas as janelas da minha alma e como alguém faminto, corri para ver aquele serzinho.

É óbvio que, só pelo latido, pude decifrar que era um filhotinho. Mas enquanto não pude, de fato, vê-lo; não tinha como saber se era macho ou fêmea, qual a cor de sua pelagem, raça, tamanho, e por aí vai.

Enfim, o mistério foi revelado! Era uma cadelinha *pinscher*, entre as numerações oito e dez, de pelagem curta, com umas poucas manchas marrons, rabinho curto e torto, cabeça marrom e focinho branco.

Eu assumo, ela era um charme de <u>menina</u>! Nos apaixonamos de imediato, e minha mãe adotou-a. Dali em diante, os latidos de **Gigi** não me soavam mais como um mero ruído, e sim como melodia.

Só quando parei para ouvir o latido, eu pude ver verdadeiramente. Por outro lado, se os meus ouvidos não fossem ao encontro daquele ladrido, eu nunca saberia quem de fato era. Eu suporia, mas não daria nada por concreto.

Ouvir nosso semelhante nos faz ver muito além da aparência. A maneira adequada da escuta nos revela a essência do outro.

O conhecimento do nosso próximo vem através de nossa **Escuta Empática**. Pois a história humana só pode ser entendida com uma boa oitiva.

Exercendo essa escuta de um jeito apropriado, percebemos a dor alheia e refinamos a leitura emocional. Na prática, o **Ouço, Logo Vejo** nada mais é que abrir a porta do seu coração, e permitir que o espelho de sua alma entenda seu semelhante.

Esse Ouvir, Logo Vejo é ter responsabilidade afetiva recíproca, por isso só quem passa a existir ouvindo a **si**, saberá e compreenderá a importância de ouvir o **outro**. Não como um estranho, mas como extensão de sua própria existência.

Todo ser humano tem seu lugar de valia.

— E quando ele se perder a ponto de sucumbir a alma, quem poderá salvá-lo?

— Por incrível que pareça: o seu ouvir!

Nunca esqueça que o seu ouvir é como dar água ao sedento. Não permita que alguém morra de sede. As pessoas estão clamando para serem ouvidas e o que estamos fazendo para atender a essa necessidade humana?

Lembra da Gigi? Ela não somente despertou em mim o desejo de vislumbrar-**me**. Mas também o de avistar o **outro**. Revelou que ouvir é um ato de amor.

Infelizmente, Gigi calou seu coração no dia **11 de maio de 2020**. Ela não resistiu a uma cirurgia cesariana, mas deixou um legado de verdadeiro amor através de uma escuta que não julgava nem hostilizava. Eu a enxerguei, mas ela me viu primeiro. E sabe como ela o fez? Latindo. E eu escutando.

Nas próximas páginas, irei revelar a você os benefícios do ouvir para quem ouve e para quem é ouvido.

"

QUANTOS OUVIDOS ESTÃO DISPOSTOS A ESCUTAR?

Naiara Patrocínio

Você está no caminho certo, o <u>horizonte</u> está bem aqui! Sabemos que existem muitas vozes que querem ser ouvidas, mas insisto em interpelar:

— Quantos ouvidos estão dispostos a escutar?

Portanto, ouça para poder ver.

CAPÍ-
TULO 04

BENEFÍCIOS PARA QUEM OUVE E PARA QUEM É OUVIDO

Atos de ouvir mudam vidas. Quem exerce essa atitude de amor é o(a) maior beneficiado(a). Em linguagem poética, chamo-a de **Chuva de Transformação**, pois gota a gota vai lavando o interior, refletindo assim, no exterior. Essa atitude altruísta cria um vínculo. Barreiras são desfeitas e problemas internalizados são resolvidos.

É fato que incontáveis pessoas passaram, e ainda passam, em minha vida. Cada uma delas deixa um pouco de sua história e leva um pouco da minha. Mas, além disso, volta ao seu destino com a alma lavada e acolhida. E não é um simples acolhimento! Saiba que seu olhar opaco volta a ter brilho, sua angústia dá lugar ao alívio e sua dor cede espaço para a cura.

Ser ouvido, verdadeiramente, não somente transforma os relacionamentos, o ambiente, a história, as escolhas etc. Transforma, sobretudo, a própria vida.

Como já revelei a vocês, durante muitos anos de observação, percebi no ser humano a necessidade de ser ouvido e, em contrapartida, a dificuldade desse de escutar corretamente. Dialoguei com vários, experimentando a técnica da maneira adequada de ouvir e, incrivelmente, **todos** demonstraram bem-estar emocional!

Segue uma experiência real, embora o nome e a idade sejam fictícios para preservar a identidade da pessoa.

———❀———

Ana Liandra, na época em que me procurou

para conversar, tinha 27 anos; e eu já a conhecia fazia uns cinco. Ela chegou até a mim aflita, com os olhos angustiados e foi logo contando a sua dor.

— Não sei nem por onde começar! — expressou Ana com um semblante triste.

Silenciei-me por alguns segundos, e respondi:

— Quando quiser falar, fique à vontade, estou te ouvindo.

— Meu namorado terminou comigo. Disse que sou muito ciumenta e bruta. Mas ele sempre me provoca, sabe? Vive falando de outras mulheres. É um saco, mas eu o amo demais! Estávamos há *dois* anos juntos. Eu sempre fiz *tudo* para ele, até as roupas dele eu lavava! — Ana desabafou.

Permaneci em silêncio, e ela acrescentou:

— Está doendo muito! Ele me tratou *muito* mal. Disse que não sentia *mais nada* por mim. Eu não entendo! *Até ontem* ele dizia que me amava.

Ao que respondi:

— Estou te ouvindo.

— E sabe? Soube que ele já está com outra! — Ana concluiu, explodindo em lágrimas.

O desfecho desta história contarei no próximo capítulo: **Aprendendo a Ouvir.**

Esta é uma história real de uma moça jovem e linda, porém completamente destruída emocionalmente, por conta de uma pessoa que não teve responsabilidade afetiva em sua relação com ela.

É claro que, ao longo da conversa, eu pontuei algumas coisas e apoiei-a. Ao ouví-la, ela percebeu que havia outros caminhos.

Depois de tudo, perguntei como ela estava se sentindo. Ela, então, me disse que estava bem e aliviada. Passaram-se alguns meses, em que aquela moça viveu o luto do término do namo-

-ro, mas com a cabeça erguida. É lógico também que tivemos outras conversas. Nelas meus ouvidos a serviram outras vezes.

Passado um ano do ocorrido, mais ou menos, decidi questioná-la sobre o que ela sentira ao ser ouvida. Ela me respondeu que se sentira respeitada, amada e valorizada. E que encontrou em mim, segurança e conforto.

Por dentro, meu coração se encheu de alegria ao saber que, minha maneira de ouvir havia ajudado alguém. E não somente isso! Eu, ou melhor os meus ouvidos, haviam se tornado um porto seguro.

Curiosamente, ela olhou para mim e perguntou algo inesperado:

— E você, como se sentiu?

Sorri, e respondi:

— Realizada. Ver você bem me fez ganhar o dia!

Ela sorriu, deu-me um abraço e foi embora.

———❊———

Depois que ela partiu, usei minha técnica de conhecimento pessoal, e comecei a questionar-me:

— Realizada?

Não só isso. Eu fui muito mais beneficiada do que ela!

Pois quem ouve:

- Salva a si mesmo e ao outro;
- É reconhecido como confiável;
- É quem desenvolve mais a auto-percepção, o senso de justiça, a autorreflexão.

Alguém que sabe dar água ao sedento, ou seja, ouvir; sabe servir. Logo, quem sabe ouvir, tem mais responsabilidade afetiva, pois tem mais inteligência emocional. Desenvolve mais maturidade e respeito pela dor alheia.

66

OUVIR É O VÍNCULO DO
SEU CORAÇÃO COM O
CORAÇÃO DO OUTRO.

Naiara Patrocínio

Percebi, então, que <u>realizada</u> era a suma dos benefícios que eu havia desenvolvido por ter aprendido a ouvir.

Ouvir é o vínculo do seu coração com o coração do outro.

No próximo capítulo, vou ensiná-los a ouvir na prática. Explicarei intervenções, revelando as técnicas usadas dentro do ouvir adequado.

— E aí, já beneficiou a si mesmo(a) hoje?

CAPÍTULO 05

APRENDENDO A OUVIR

Qualquer pessoa tem capacidade **sim** de aprender a ouvir, desde que queira!

Com treino, a escuta adequada pode ser desenvolvida e aprimorada. Não nascemos com essa habilidade, mas podemos desenvolvê-la e aperfeiçoá-la.

Assim que eu descobri os passos para uma escuta adequada, quis logo levar adiante. Sei que isso irá ajudar a muitos. Não somente os profissionais das áreas da Educação, da Saúde ou de Humanas. Saibam que o alcance é geral e universal!

Se a sua escuta tiver os ingredientes harmônicos, tais como: Silêncio Empático; percepção de **si** e do **outro (Ouço, Logo Existo e Ouço, Logo Vejo)**; Atenção; Empatia; Interesse. Você estará apto(a) a exercer essa técnica.

É importante salientar que a percepção, a solidariedade, a postura, a empatia, o ceder espaço etc. podem se traduzir como **ouvir o outro com o coração.**

Sim, o mundo vai de mal a pior, mas podemos ser o diferencial nesse caos todo. A mudança que eu desejo no outro deve iniciar em mim. E é praticando que aperfeiçoamos nossa Escuta Empática.

O ouvir é comparado ao ouro e o falar à prata. Isso nos revela que falar <u>também</u> é importante. Um complementa o outro. Ou seja, a simples atitude de ouvir empaticamente meu semelhante, reproduzirá em mim respostas brandas e acalentadoras.

Uma nova forma de ouvir, me fará galgar novos horizontes e ter relacionamentos mais saudáveis e duradouros.

Você se lembra da Ana Liandra? Pois bem, em nosso diálogo, eu coloquei em prática a minha técnica do ouvir.

Observe:

Quando Ana veio ao meu encontro, ela estava triste porque o seu relacionamento não tinha dado certo. O amor de sua vida havia rompido a relação e, logo em seguida, iniciado outra, não tendo nenhuma empatia por Ana e tampouco consciência afetiva.

Por isso, ela se sentiu mal, desamparada e traída. Ana sucumbiu. Não conseguia enxergar outro caminho a não ser chorar a dor da separação e se sentir a pior pessoa do mundo.

TOCAR A ALMA HUMANA COM A SUA ESCUTA É O MESMO QUE SALVÁ-LA DA MORTE.

Naiara Patrocínio

Foi aí que exerci minha escuta.

1º Passo: Observação

É observando que se estimula a **percepção**. Percebi seu olhar triste, sua dor estancada nos olhos e sua autoestima rebaixada.

2º Passo: Silêncio Empático

Só relembrando, o Silêncio Empático é a soma de quatro fatores, pois ao ouvir deve-se ter: <u>humanidade</u>, <u>solidariedade</u>, <u>atenção</u> e <u>movimento</u>.

O meu Silêncio Empático permitiu com que Ana ficasse confortável para se abrir e expressar a sua angústia. Coloquei-a no lugar de maior importância. Emudeci o meu mundo privado e fiz com que o dela se tornasse audível para mim.

E foi aprendendo a me ouvir, que percebi a importância de ouvir o outro.

Desta maneira, eu já havia posto em prática o meu **Ouço, Logo Existo**, que nada mais é que aprender a escutar-me ou perceber-me.

3º Passo: Intervenção

Depois de permitir a Ana se sentir acolhida e apoiada, fiz algumas intervenções <u>sem julgamento</u>, ouvindo-a e questionando-a a respeito do que ela expressou.

Por exemplo: Ana havia dito que apesar de seu ex oprimi-la, dizendo que ela era uma pessoa ciumenta e bruta, ela acrescentou que o amava.

Neste ponto, minha indagação (intervenção) foi:

— E você se ama?

Em seguida, silenciei-me (2º Passo), dando lugar para que ela respondesse.

4º Passo: Catarse e Acolhimento

Na verdade, ao responder-me, Ana não estaria respondendo <u>a mim</u> e sim a ela mesma. Meu questionamento, levou-a à <u>reflexão</u>, e como um salto de um precipício, explodiu num choro estarrecedor. O choro da libertação.

Nesse momento, ela compreendeu que não estava <u>se amando</u> em primeiro lugar. E que existiam outros caminhos e outras possibilidades de ser feliz sozinha. Enquanto, ela chorava a **catarse** de sua alma, eu a aguardei com o meu Silêncio Empático.

Por fim, Ana recobrou-se, respirou fundo e disse:

— Estou aliviada, muito obrigada.

Ela se foi, e eu fiquei ali, feliz e realizada por ter feito um ser humano exergar, no meu silêncio, o quanto era amado e importante. E isso não somente para mim, mas, principalmente, para ela mesma.

Tocar a alma humana com a sua escuta é o mesmo que salvá-la da morte.

Deixo uma indagação:

— Custa ouvir?

CAPÍTULO 06

CUSTA OUVIR?

O mundo e as pessoas que nele habitam estão em constante movimento. O vai e vem dessa incansável correria tem tirado a paz do ser humano. Flores passam despercebidas pelo caminho, o canto dos pássaros já não é tão apreciado e a maioria dos momentos felizes deixam de ser comemorados.

Hoje em dia, tudo custa muito. A lista do dispêndio é enorme: Custa apreciar o belo, custa sentir a dor, custa ter empatia, custa presentear, custa esperar, custa ceder, custa falar para somar e, principalmente, custa ouvir.

O que muitos não entendem é que esse meu custar, fala mais de mim do que do outro. Estou tão obsoleto, tão refém das minhas preocupações, tão preso ao barulho de minha vida corrida, que não consigo silenciar-me e muito menos ouvir o silêncio do outro.

— Mas, o silêncio tem som?

Sim, tem som de alegria e de dor; de vida e de morte; tem cor, mas também é incolor. Como não sabemos de qual lado da moeda se encontra o silêncio alheio, não custa nada ouvir, pois ouvindo teremos a possibilidade de acolher e, até mesmo, de salvar.

Por volta dos meus catorze anos, tive a visita de minha avó materna. Ela media, mais ou menos, 1,50 m de altura, cor preta e uma cabeleira volumosa, cacheada. Nesse encontro, eu desfrutei uma experiência com ela que mudou minha forma de pensar e agir.

Eu costumava chamá-la carinhosamente de **Mãe Tina**. Nesse dia, ela havia esquecido uma roupa em casa e eu havia guardado a peça no meu guarda-roupa. Quando ela perguntou a respeito, afirmei com certeza que sabia onde estava e que iria pegar.

Ela, então, acompanhou-me e ficou à minha espera na entrada do quarto, observando todos os meus movimentos. Eu, apressadamente, abri as gavetas e procurei na correria a tal peça, mas como numa cegueira instantânea não encontrei.

Voltei o meu olhar para Mãe Tina e, com a respiração ofegante, disse-lhe que não estava mais ali. Minha vó, de maneira calma, pediu que eu retornasse e procurasse novamente. Refiz esse percurso de ir e vir por umas três vezes.

Até que, estressada, repeti que sua roupa não estava mais lá. Nisso, Mãe Tina olhou para mim e disse:

— Ei, custa ouvir?

— Mas, eu *estou* escutando! — Respondi de maneira áspera.

— Não menina, você está tão nervosa, que não me ouviu dizer para *respirar fundo* e procurar com calma.

Envergonhada, percebi que ela estava com a razão. Retornei às gavetas, respirei fundo e, com calma, procurei novamente.

Como por um milagre, a bendita peça de roupa apareceu! Estava bem ali na terceira gaveta. Mãe Tina olhou para mim e prosseguiu:

— Está vendo?

E acrescentou:

Quando a mão não pega,

a casa dá conta.

Sorri constrangida e entreguei o que lhe pertencia.

66

QUANDO A MÃO NÃO
PEGA, A CASA DÁ
CONTA.

Constantina Alves

Veja só! Minha avó sem entender nada de Psicologia, ensinou-me a controlar a minha ansiedade, mostrando para mim a importância de silenciar-me, respirar fundo e ouvir.

O cérebro oxigenado é outro nível!

Somente quando parei para ouvir, pude praticar todas essas ações supracitadas.

Hoje em dia, o ouvir me possibilita ganhar e investir tempo. Ouvir não me custa nada, pelo contrário, poupa-me de coisas desnecessárias.

Não é que agora, sua vida será perfeita, sem problemas! Entretanto, quando o custo é transformado em ganho, você poupa dores e economiza amores.

CAPÍ-
TULO 07

APRENDI A OUVIR, AGORA ESCUTO TUDO

Como é bom escutar fazendo uso de todos os artefatos adequados! Tudo agora faz sentido e traz um significado diferente. Ouvir é perceber a vida e decidir, de propósito vivê-la.

Em **junho de 2007**, sofri um acidente de carro na cidade de Brasília, DF. Estava sem cinto de segurança e bati a cabeça com muita força, o que me levou a um desmaio. Recordo-me de ter ouvido as vozes da minha mãe e da minha prima, enquanto recobrava a consciência.

O som de suas vozes foi crescendo como se alguém estivesse, gradualmente, aumentando o volume de uma música. Acordei com a voz de desespero de *mainha* gritando ao fundo, chamando-me pelo nome e, ao mesmo tempo, sendo chacoalhada por minha prima que também me chamava aflita. Escutei, abri os olhos e percebi que ainda estava viva.

Essa experiência me mostrou que ao ouvir, ressurgi. Voltei à existência. A minha percepção ouviu e me revelou tudo. Sabe por quê? Porque ouvindo o todo se torna <u>palpável</u> e <u>apreciável</u>. Em outras palavras, as coisas passam a ser mais distintas e coloridas, ou melhor, "coloríveis". A dor escondida é revelada, o obscuro resplandece, e por aí vai.

Ouvir corretamente me possibilita aprimorar minha percepção afetiva, minha inteligência emocional e, é claro, minha empatia. Sabe aquela faixa nos olhos? Meu ouvir fez questão de eliminar. Os sons agora, revelam-me a mais linda canção e o **outro** não é mais o outro e sim um comigo.

Como num abrir de olhos ao acordar de um sono profundo, eu me percebi e, como consequência, percebi o meu semelhante de igual maneira. Até então, estava escondida dentro de mim, agora isso não me é mais segredo.

Meu autoconhecimento fez com que eu me tornasse minha melhor companhia. Já consigo diferenciar o falso do verdadeiro, o perigo da segurança, dentre outros fatores de suma importância. E isso eu digo no âmbito <u>biopsicossocial</u>.

Compreendi a importância do aguardar, porque entendi o valor da respiração e da vida que me é proporcionada através das batidas do meu coração.

Sim, minha sensibilidade entrou em equilíbrio, quando eu permiti que a história de um outro ser humano fosse acolhida e respeitada, através da Escuta Empática. Escuta essa que revela vida, declara vitória e realiza milagres.

"

O QUERER SER NÃO É O MAIS IMPORTANTE, MAS SIM O SOU.

Naiara Patrocínio

E aquela Naiara criança que outrora não tinha respostas para o que queria ser quando crescesse, descobriu em seu silêncio que:

O querer ser não é o mais importante, mas sim o sou.

Sou o ouvido que aprendeu a ouvir e agora escuta. E o resto?

Só se complementa.

A AUTORA

A Autora

NAIARA PATROCÍNIO

Ouvinte por paixão e profissão, Naiara Patrocínio é graduada em Psicologia pelo **Centro Universitário Adventista de São Paulo**, e pós-graduanda em Psicologia Jurídica pela **Faculdade Metropolitana do Estado de São Paulo**.

Já atuou em diferentes áreas, realizando desde atendimentos psicoterápicos; entrevistas e dinâmicas de grupo para processos seletivos; até palestras e entrevistas para rádio e TV. Além disso, foi voluntária em diversos projetos sociais e é apoiadora do **Hotmart UmPorCento**.

Fale Comigo!
/NAIARA07PATROCINIO